LA VIE DE JÉSUS

LES GRANDS MOMENTS DES QUATRE ÉVANGILES

GRAIN DE SOLEIL

DOROTHÉE DUNTZE

BAYARD ÉDITIONS / GRAIN de SOLEIL

Direction de collection Claude Plettner

Textes de Claude Plettner, Isabelle Samson,
Monique Scherrer, Anne Soupa, Isabelle de Wazières,
avec la collaboration de Philippe Gruson, exégète

Illustrations de Dorothée Duntze
Maquette de Florence Lemoine

3, rue Bayard 75008 Paris

ISBN 2.227.61076.X

Nihil Obstat, Paris, le 29 juin 1992, M. Dupuy
Imprimatur, Paris, le 30 juin 1992, M. Vidal, v.é.

Préface

Chaque mois, des lecteurs du magazine *Grain de Soleil* écrivent à la rédaction pour faire part de leurs découvertes, de leur étonnement ou de leur bonheur à la lecture d'une rubrique qu'ils aiment. Ils l'appellent " L'histoire de Jésus ".

Ce livre est né de cette rubrique à succès. Il surgit d'une demande d'enfants désireux de suivre, sans rupture, les étapes de la vie de Jésus depuis sa naissance jusqu'au jour où il quitte ses disciples, l'Ascension.

Beaucoup d'enfants connaissent en effet les évangiles par petits bouts : l'épisode des mages qui suivent l'étoile, celui de Zachée, ce petit homme qui leur ressemble, perché sur son arbre, ou encore celui de Jésus entrant à Jérusalem sur un ânon. Mais ces récits se mélangent un peu dans leur esprit, à force d'être entendus ou lus sans suite.

Les auteurs de cet album, journalistes de la presse pour jeunes, ont simplement choisi dans les quatre évangiles vingt-quatre grands épisodes parmi les moments clé de la vie du Christ. Ils se sont posé aussi, à la lecture de ces récits, les questions qui montent aux lèvres quand on a huit ou douze ans. Ils y ont répondu le plus directement possible. Au lecteur de choisir à sa guise et à son rythme parmi leurs quatre-vingt-dix-sept questions-réponses.

Cette interrogation, jamais finie, entraînera peu à peu l'enfant au cœur d'une démarche spirituelle. Au fil des pages, l'évangile s'enracinera pour lui dans un pays, un peuple, une histoire, des visages, des odeurs, des images.

Enfants et adultes qui cherchent à connaître les évangiles, à comprendre leur poésie, leur mystère et leur force devraient aimer ces pages. Elles puisent au trésor de quatre petits livres deux fois millénaires.

La visite mystérieuse

Dans sa modeste maison de Nazareth, Marie, une jeune fille juive de Galilée, prépare son mariage avec Joseph, le charpentier.
Soudain, un mystérieux ange de Dieu se présente sur le seuil et la salue.
Marie est toute bouleversée.

L'ange dit à Marie :
"N'aie pas peur, Marie, car tu as la faveur de Dieu. Tu vas avoir un fils. Tu le nommeras Jésus. Il sera grand. On l'appellera Fils du Dieu Très-Haut."
Marie dit à l'ange : "Comment cela se fera-t-il, puisque je suis vierge ?"
L'ange lui répondit : "L'Esprit saint viendra sur toi et la puissance de Dieu te prendra sous son ombre. Voilà pourquoi celui qui va naître sera saint. Il sera appelé Fils de Dieu."
Marie dit : "Je suis la servante du Seigneur. Que tout se passe pour moi comme tu le dis."
Et l'ange la quitta.

D'après saint Luc, chapitre 1, versets 26 à 38.

Qu'est-ce qu'un ange ?

On ne sait pas bien qui sont les anges, ni à quoi ils ressemblent. La Bible parle d'eux comme des messagers qui portent la parole de Dieu auprès des hommes et qui recueillent aussi leurs réponses. Ils viennent souvent à des moments importants.
Ici, la parole de l'ange aide Marie à imaginer l'impossible : quelle aventure pour elle d'accepter l'avenir que Dieu lui propose !
C'est peut-être parce que les anges font des va-et-vient entre le ciel et la terre et qu'avec eux on franchit des horizons, qu'on les représente souvent avec des ailes.

Pourquoi Marie accepte-t-elle d'être mère ?

Au début, elle a peur. Puis, quand son visiteur lui offre la paix, elle comprend qu'il vient de Dieu. Il lui annonce un enfant, à elle qui ne s'est jamais unie à un homme pour être mère ! Dieu lui propose cette naissance impossible, mais elle ne se fera que si Marie est d'accord.
Malgré sa stupéfaction, Marie ne demande pas : "Pourquoi moi ?" Elle accepte. C'est comme une immense confiance entre Dieu et elle, une alliance.

Pourquoi est-ce l'ange qui choisit le nom de l'enfant ?

Choisir le prénom d'un enfant, c'est le faire exister vraiment. C'est faire de lui une personne unique, irremplaçable. Chez les juifs, le père nomme l'enfant à sa naissance.
Ici, à travers la parole de l'ange, Dieu donne un nom à l'enfant qui doit naître. Il le reconnaît ainsi comme son propre Fils. Joseph, lui, aura la charge de l'élever.
"Jésus" veut dire "Dieu sauve". Ce nom indique que Dieu tient sa promesse, car il envoie quelqu'un au secours de son peuple : c'est cet enfant, né de Marie !

Cette naissance est-elle unique ?

Un événement aussi inouï que la naissance de Jésus n'est arrivé qu'une seule fois dans notre histoire. Une nuit, le Fils de Dieu est né parmi les hommes ! Pourtant, la Bible dit que beaucoup d'autres femmes avant Marie savaient que leur enfant était un don extraordinaire de Dieu : Sarah, par exemple, la femme du vieil Abraham, ou Élisabeth, la cousine âgée de Marie.
Bien des parents pensent que la vie qu'ils donnent à leur enfant vient de tellement plus loin qu'eux !
Pour les croyants, Dieu est au cœur de toutes les naissances, il est au commencement de toute vie.

Le premier Noël

Marie et Joseph vont bientôt avoir un bébé. Avant sa naissance, ils doivent aller à Bethléem. Le voyage est long à dos d'âne. Marie est fatiguée. À son arrivée, elle met au monde un garçon. Cette nuit-là, dans les champs de Bethléem, une grande lumière surprend des bergers.

Un ange rassura les bergers : "Je vous annonce une grande joie. Aujourd'hui, un Sauveur vous est né. Vous le trouverez couché dans une mangeoire : c'est un nouveau-né."
Étonnés, les bergers se dirent : "Allons voir à Bethléem ce que l'ange du Seigneur nous a fait connaître." Ils partirent vite et trouvèrent Marie et Joseph avec le nouveau-né couché dans la mangeoire. Ils admirèrent l'enfant et racontèrent ce qui leur avait été annoncé sur lui.
Tout le monde s'étonna.

D'après saint Luc, chapitre 1, versets 1 à 18.

Quand et où Jésus est-il né ?

Les évangiles ne donnent pas de date exacte. Mais on sait qu'en ce temps-là le roi Hérode gouvernait le pays de Jésus.
Depuis mille quatre cents ans environ on compte les années "avant" et "après" la naissance de Jésus. Mais les savants pensent qu'il y a eu une petite erreur de calcul et que Jésus est né environ six ans avant l'an 1 !
Luc et Matthieu racontent la naissance de Jésus à Bethléem, une petite ville au sud de Jérusalem. C'est aussi l'endroit où mille ans plus tôt était né David, un berger devenu le premier roi du peuple d'Israël. Depuis des siècles, les juifs attendaient un autre roi envoyé de Dieu, un Messie. Et voici que Jésus naît, à son tour, à Bethléem.

Qui a écrit cet évangile ?

C'est Luc, un médecin grec qui est peut-être né en Syrie. Il n'est pas juif et n'a pas connu Jésus. Il est devenu chrétien après sa rencontre avec l'apôtre Paul qui lui a longuement parlé de Jésus. Luc a recueilli des témoignages sur Jésus en partant à la rencontre de ceux qui avaient vécu avec lui. Luc se sent bien avec les chrétiens pauvres et peu instruits.
Cet évangile a probablement été écrit dans les années 70-80.

Pourquoi les anges s'adressent-ils à des bergers ?

Jour et nuit, par tous les temps, les bergers montent la garde près de leurs moutons, dehors. Ils vivent proches de leurs bêtes. Ce sont des juifs pauvres qui font un dur métier. On ne les aime pas beaucoup et on les tient à l'écart.
Cette nuit-là, des messagers de Dieu, les anges, leur annoncent une nouvelle inimaginable : la naissance de Jésus, le Messie, envoyé par Dieu pour le bonheur des hommes !
Pendant toute sa vie, Jésus fera, lui aussi, attention à ceux qui sont simples, méprisés et rejetés, comme ces bergers.

Pourquoi tout le monde s'étonne de ce que racontent les bergers ?

Les bergers racontent à tous que cette naissance est un merveilleux cadeau de Dieu. Beaucoup de juifs trouvent cela incroyable. Depuis des siècles certains espéraient un grand roi fort, un Messie, capable de lutter contre les Romains qui, aujourd'hui, occupent leur pays. Et voilà que ce sont des bergers qui leur annoncent la naissance d'un bébé, venu sans armes ni soldats. C'est vraiment bien difficile à comprendre !

Au village de Bethléem, cette année-là, ils ont été peu nombreux à reconnaître en ce bébé fragile l'envoyé de Dieu, venu pour apporter la paix. Est-ce possible que ce soit lui ? Il ressemble tellement aux autres hommes ! Et il arrive en pleine nuit, par surprise, comme un inconnu ! Aujourd'hui encore, cette nouvelle est aussi étonnante qu'au premier Noël.

À la poursuite d'une étoile

En ces jours-là, des savants, des mages venus d'Orient arrivent à Jérusalem
et racontent au roi des juifs, Hérode, qu'ils ont vu dans le ciel une étoile bizarre.
Est-ce le signe qu'un nouveau roi des juifs est né ?
Troublé, Hérode envoie les mages à Bethléem pour qu'ils le renseignent.

À la demande du roi, les mages partirent en suivant l'étoile. Elle s'arrêta là où se trouvait l'enfant. Ils en furent tout joyeux.
Ils entrèrent dans la maison et trouvèrent l'enfant avec Marie, sa mère.
Ils tombèrent à genoux et s'inclinèrent. Ils ouvrirent leurs coffrets et offrirent leurs cadeaux : de l'or, des parfums d'encens et de la myrrhe.
Une nuit, dans un rêve, ils comprirent qu'il était dangereux de retourner chez Hérode.
Ils rentrèrent alors chez eux par un autre chemin.

D'après saint Matthieu, chapitre 2, versets 1 à 12.

Qui a écrit cette histoire ?

C'est Matthieu. Il faisait payer les impôts à Capharnaüm, en Galilée. Quand Jésus l'appela, il quitta tout pour le suivre. Il est devenu l'un des douze apôtres.
Après la mort et la résurrection de Jésus, Matthieu et les premiers disciples ont raconté tout ce que leur maître avait fait et dit. Environ quarante ans plus tard, Matthieu a rassemblé tous ces récits dans un livre pour qu'on ne les oublie pas.

Qui sont les mages ?

Ce ne sont pas des rois, mais des savants, des astrologues. Ils observent les étoiles. Pour eux, les événements importants sont inscrits dans le ciel. Aussi, quand ils voient une étoile inconnue, les mages pensent qu'elle est le signe de l'arrivée d'un roi extraordinaire. Les mages ne sont pas juifs. C'est pourtant à ces savants voyageurs et chercheurs de vérité que Jésus choisit de se faire connaître.

Pourquoi Hérode ne va-t-il pas voir Jésus ?

Hérode le Grand n'est pas juif, mais les Romains l'ont nommé pour régner sur le pays des juifs. Ce roi cruel et méfiant veut tous les pouvoirs à lui seul. Il fait même massacrer ses enfants pour garder le trône. Hérode s'inquiète quand il entend dire qu'un nouveau roi des juifs est né. Cet inconnu va-t-il lui voler son royaume ? Mais il ne juge pas utile de se déplacer à Bethléem. Il envoie les mages vérifier la nouvelle. S'ils disent vrai, il fera disparaître ce rival.

Pourquoi les mages offrent-ils des cadeaux à Jésus ?

Les mages s'inclinent avec respect devant ce nouveau-né inconnu. Ils lui donnent de l'or comme à un roi, des parfums d'encens comme on en offre à Dieu et de la myrrhe qui sert à conserver le corps des morts. Ces cadeaux montrent qu'ils reconnaissent en ce bébé un enfant royal, un enfant qui vient de Dieu.

Y a-t-il eu vraiment trois mages ?

L'évangile ne le dit pas. On a pensé qu'ils étaient trois, car ils portaient trois cadeaux.
Peu à peu, on les a représentés de trois races différentes, car Jésus est venu pour tous les habitants de la terre. Et pour bien faire comprendre que ce bébé sans pouvoir était le roi des rois, on raconte depuis des générations que trois rois se sont inclinés devant lui.

L'enfant au Temple

Jésus a douze ans. Il va à Jérusalem avec ses parents et une foule de pèlerins pour la fête de la Pâque. Mais sur le chemin du retour, Joseph et Marie s'inquiètent : ils croyaient Jésus avec leurs compagnons de route, mais il a disparu. Affolés, ils retournent à Jérusalem le chercher.

Au bout de trois jours, les parents de Jésus le trouvèrent dans le Temple, assis au milieu des spécialistes de la Loi : il les écoutait et il leur posait des questions, et tous ceux qui l'entendaient s'émerveillaient de son intelligence et de ses réponses. Ses parents furent stupéfaits en le voyant, et sa mère lui dit : “Mon enfant, pourquoi nous as-tu fait cela ? Vois comme nous avons souffert en te cherchant, ton père et moi !” Il leur dit : “Et pourquoi me cherchiez-vous ? Ne saviez-vous pas que c'est chez mon Père que je dois être ?” Mais ils ne comprirent pas ce qu'il leur disait.
Il descendit avec eux pour rentrer à Nazareth, et il leur était soumis. Sa mère gardait dans son cœur tous ces événements.

D'après saint Luc, chapitre 2, versets 41 à 52.

Pourquoi allait-on en pèlerinage à Jérusalem ?

Les juifs croyants, fidèles à la tradition, allaient à Jérusalem. Là, ils fêtaient la Pâque, en mémoire de la libération de leurs ancêtres les Hébreux, esclaves en Égypte douze siècles plus tôt. C'est dans un monument magnifique – le Temple – que chaque famille offrait à Dieu le sang d'un agneau.

Jésus connaissait-il déjà le Temple ?

Jésus est peut-être déjà allé au Temple pour écouter les spécialistes de la Bible, les docteurs de la Loi. Mais à douze ans, il devient "Fils de la Loi", comme tous les autres jeunes juifs. Désormais, il a les mêmes droits et les mêmes devoirs qu'un croyant adulte. Il peut décider de se rendre seul au Temple. Aujourd'hui encore, un enfant juif entre dans le monde des adultes à cet âge-là.

Qui est le vrai père de Jésus ?

Joseph a adopté Jésus, l'enfant de sa femme, avant sa naissance. Il l'a aidé à grandir et lui a appris son métier de charpentier. Quand Joseph cherche Jésus pendant trois jours à Jérusalem, il est inquiet comme un père qui a perdu son enfant. Il est stupéfait de le retrouver au Temple. Comment Jésus fait-il pour donner des réponses si étonnantes aux docteurs de la Loi ? Comme il a changé !

Pourquoi Marie a-t-elle gardé tout cela dans son cœur ?

Marie est surprise et inquiète quand Jésus disparaît. Mais elle se souvient sans doute qu'avant la naissance de Jésus, un mystérieux messager de Dieu lui avait annoncé : "Tu vas avoir un enfant, on l'appellera Fils de Dieu." Maintenant elle comprend vraiment que l'enfant qu'elle a mis au monde parle de Dieu comme de son Père.

La rencontre au bord du fleuve

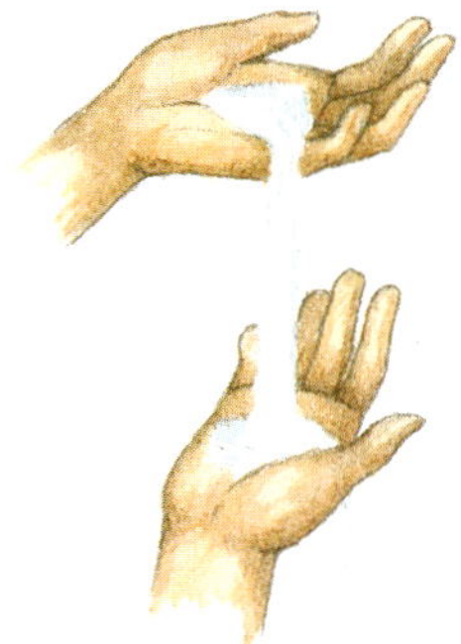

Les années ont passé. Un homme fait maintenant beaucoup parler de lui.
Il vit au bord du Jourdain et les foules accourent pour l'écouter.
Debout dans l'eau du fleuve, il baptise tous ceux qui viennent vers lui.
On l'appelle Jean le Baptiste. Il demande à tous de changer de vie. Ce Baptiste est-il l'homme qui doit venir de la part de Dieu ? Est-ce le Messie attendu depuis des siècles ?
Dans la bousculade, Jésus s'approche.

Jean le Baptiste s'adressa à tout le peuple : "Moi, je vous baptise avec de l'eau ; mais il vient, celui qui est plus fort que moi. Je ne suis pas digne de défaire les courroies de ses sandales."
Tous se firent alors baptiser, et Jésus pria après s'être fait baptiser lui aussi. Alors, soudain, le ciel s'ouvrit. L'Esprit de Dieu descendit sur Jésus, comme une colombe. Une voix se fit entendre : "C'est toi, mon Fils, celui que j'aime. Moi, aujourd'hui, je t'ai engendré."

D'après saint Luc, chapitre 3, versets 1 à 22.

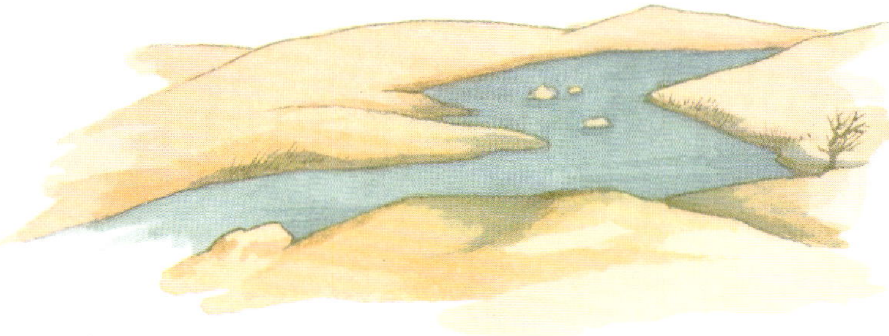

Qu'est-ce que cette colombe qui descend sur Jésus ?

La Bible raconte que le souffle de Dieu plane sur le monde depuis les premiers temps comme un oiseau. Ce souffle fait respirer les vivants, on l'appelle aussi l'Esprit saint.
L'image de la colombe au moment du baptême fait comprendre que cet Esprit de Dieu est en Jésus. Avec lui, le ciel et la terre se sont rejoints.

Pourquoi Jésus se fait-il baptiser ?

Le baptême que donne Jean le Baptiste n'est pas encore le baptême des chrétiens. C'est un bain dans le Jourdain. L'eau claire de ce fleuve rafraîchit, lave. Elle fait penser au pardon de Dieu. Voilà pourquoi Jean le Baptiste y plonge ceux qui veulent demander pardon pour essayer d'être plus fidèles à la loi de Dieu. Jésus désire partager le sort de tous. Il fait partie de ce peuple juif. Il se fait donc baptiser lui aussi par Jean.

Quelle est la voix qui se fait entendre ?

Ces mots entendus ne sont pas inconnus des juifs. Dans la Bible, on les récite au nom de Dieu au moment du sacre des rois d'Israël. Au baptême de Jésus, c'est le signe que Dieu lui-même se manifeste.
"Je t'ai engendré" veut dire "ta vie vient de ma vie". Jésus, cet homme comme les autres, est le Fils bien-aimé de Dieu ! C'est lui le Messie royal qu'on attendait. C'est lui qui donne le souffle de Dieu, l'Esprit. C'est lui qui permet d'appeler Dieu "Notre Père".

Où est le Jourdain ?

C'est le seul fleuve qui traverse le pays de Jésus. Il descend du nord au sud, depuis des montagnes neigeuses. Ses eaux coulent lentement, avec de larges boucles, entre le lac de Tibériade et la mer Morte (voir carte page 66). C'est le fleuve le plus bas du monde, car presque tout son cours se trouve en dessous du niveau de la mer. Le Jourdain se jette dans la mer la plus basse du monde, la mer Morte.

Les premiers compagnons

Jean le Baptiste vit avec quelques compagnons sur les bords du Jourdain. Jésus les rejoint le lendemain de son baptême dans le fleuve. Jean le Baptiste dit : "Voici le serviteur, l'agneau de Dieu." Mais qui est-il vraiment, ce mystérieux inconnu ? Curieux et étonnés, deux compagnons le suivent.

Jésus se retourna, et vit que les deux disciples de Jean Baptiste le suivaient. Jésus demanda : "Que cherchez-vous ?" Ils lui répondirent : "Maître, où habites-tu ?" Jésus dit : "Venez et vous verrez." Les disciples l'accompagnèrent et ils virent où il demeurait. C'était quatre heures de l'après-midi et ils restèrent avec lui jusqu'au soir.
Le lendemain, André, l'un des deux disciples, alla chercher son frère Simon et lui dit : "Nous avons trouvé le Messie, le Christ." André amena son frère à Jésus. Jésus regarda Simon et lui dit : "Tu es Simon, à l'avenir tu t'appelleras Pierre."

D'après saint Jean, chapitre 1, versets 35 à 42.

Pourquoi Jean Baptiste appelle-t-il Jésus "l'agneau de Dieu" ?

Cela rappelle à ses deux compagnons la nuit où leurs ancêtres ont quitté l'Égypte. Ils étaient esclaves du roi pharaon, et le Seigneur leur a ouvert un passage pour s'enfuir. En souvenir de cette nuit, tous les ans, à Jérusalem, on offre des agneaux à Dieu. C'est la fête de "Pâque", qui veut dire "passage". En appelant Jésus "l'agneau", Jean Baptiste dit : voilà celui qui nous fait passer de la mort à la vie.

Où Jésus habitait-il ?

On ne le sait pas. L'évangile dit seulement que Jésus a vécu trente ans à Nazareth. Puis, il est allé de villes en villages, logeant chez ceux qui l'accueillaient, riches ou pauvres. Il a sans doute habité chez Pierre dans sa maison de pêcheur, près du lac, à Capharnaüm.

Pourquoi Pierre reçoit-il un nouveau nom ?

Recevoir un nom, c'est devenir quelqu'un pour les autres. En donnant à Simon le nouveau nom de Pierre, Jésus lui confie une mission : il compte sur lui. Pourtant, plus tard, Pierre a abandonné Jésus. Mais Jésus lui a redonné sa confiance. Il y a eu entre eux une relation solide comme la pierre, comme le roc : elle ne s'est pas cassée.

Peut-on rencontrer Jésus maintenant ?

Les chrétiens connaissent Jésus, parce que d'autres leur ont parlé de lui comme de leur ami et de leur Seigneur. Ainsi, de génération en génération, certains d'entre eux se mettent en route pour voir où il "demeure".
Aujourd'hui comme hier, chacun s'appuie sur un autre disciple pour s'aventurer dans la rencontre de Jésus.

Le premier miracle

C'est jour de fête au village de Cana. Jésus a habité dans les environs pendant trente ans. Il retrouve tout le pays pour un joyeux repas de mariage. Il est là, parmi les invités, avec Marie, sa mère, et ses disciples. Marie dit à Jésus : "Ils n'ont plus de vin !" La fête va-t-elle s'arrêter là, toute triste ?

Marie dit alors aux serviteurs : "Faites tout ce qu'il vous dira." Jésus dit aux serviteurs : "Remplissez d'eau ces cuves en pierre." Ils les remplirent à ras bord. Il leur dit alors : "Puisez et portez-en au maître du repas." Le maître goûta l'eau : c'était du bon vin ! Seuls les serviteurs savaient d'où venait ce vin.
Le maître du repas dit au marié : "D'habitude, on sert le bon vin d'abord et le moins bon à la fin. Toi, tu as gardé le bon pour le dessert !" Jésus montra, pour la première fois, qui il était. Et ses disciples commencèrent à croire en lui.

D'après saint Jean, chapitre 2, versets 1 à 11.

Où est le village de Cana ?

Cana se trouve en Galilée, au nord de la Palestine. Au printemps, les collines se couvrent de coquelicots, les amandiers sont en fleurs. Beaucoup d'étrangers circulent en Galilée. Ceux qui passent par là parlent souvent plusieurs langues et n'ont pas tous la même religion.

Qui a raconté cette histoire ?

C'est Jean, l'un des douze disciples qui ont accompagné Jésus sur les routes. Jean était l'un des meilleurs amis de Jésus. Il a gravé dans sa mémoire les paroles de son ami. Cet évangile a été écrit petit à petit. Et il a été terminé environ soixante ans après la mort de Jésus.

Les disciples ont-ils vu ce que Jésus a fait ?

Non. Et Jésus n'avait encore jamais accompli devant eux un geste aussi extraordinaire. Mais ils le devinent : c'est lui qui a changé l'eau en vin. Les disciples n'osent encore rien dire.
Ils connaissent Jésus depuis trop peu de temps. Ils ne comprennent pas tout. Ils découvriront peu à peu qui est cet homme.

Pourquoi Jésus offre-t-il du bon vin au dessert ?

D'habitude, on garde le mauvais vin pour la fin du repas : les gens ont déjà bien bu, ils sont gais et tous les vins leur semblent bons !
Jésus offre un bon vin parfumé au dessert. Ainsi ses disciples comprennent qu'avec lui, chaque jour peut être un jour de fête, comme un jour de grand mariage entre Dieu et les hommes. Jésus donne un goût nouveau à toute la vie, un bon goût tout neuf. Il fait déborder la joie.

La soif de la Samaritaine

Il est midi. Le soleil écrase le village de Sychar, en Samarie. Une femme puise de l'eau.
Au bord du puits, un voyageur juif lui demande à boire.
Elle s'étonne : les juifs ne parlent pas aux gens de Samarie.
L'homme insiste : "Si tu me connaissais, tu me demanderais l'eau vive !"
Ce voyageur, c'est Jésus.

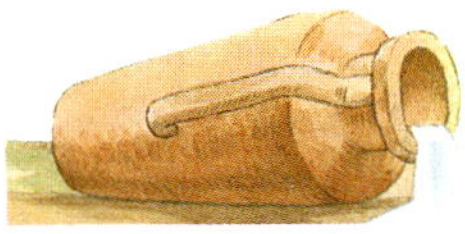

Jésus dit à la Samaritaine : "Celui qui boit l'eau que je donne n'aura plus jamais soif. Elle sera en lui une source pour la vie." La femme lui dit : "Donne-moi cette eau." Il lui répondit : "Va chercher ton mari." Elle répliqua : "Je n'en ai pas." Jésus reprit : "C'est vrai, tu en as eu cinq et celui avec qui tu vis n'est pas le tien."
La femme dit : "Tu es un prophète. Je sais que le Messie viendra, il nous dira toute la verité." Jésus lui dit : "Je le suis."
La femme courut au village en abandonnant sa cruche : "Venez voir un homme qui m'a dit tout ce que j'ai fait."
Alors, les Samaritains furent nombreux à croire en Jésus.

D'après saint Jean, chapitre 4, versets 1 à 39.

Qu'est-ce que la Samarie ?

Au temps de Jésus, c'était une belle région de collines, une province de la Syrie-Palestine (voir carte page 66).
Les juifs évitaient les Samaritains. Ils leur reprochaient de ne pas être de bons juifs, d'adorer Dieu dans un autre temple que celui de Jérusalem.

À cette époque, les hommes ne s'adressaient pas en public aux femmes. Il y a donc deux raisons pour que cette Samaritaine ne compte pour rien aux yeux de Jésus : c'est un juif et c'est un homme. Quelle surprise quand il engage la conversation avec elle!

Y avait-il beaucoup de puits au pays de Jésus ?

Là-bas, il ne pleut jamais de mai à octobre. Pour atteindre les nappes d'eau souterraines, les habitants creusent des puits. Les femmes, au temps de Jésus, venaient y remplir les cruches, car il n'y avait pas d'eau courante dans les maisons. Les bergers y abreuvaient leurs bêtes. On aimait s'y rencontrer pour échanger les nouvelles. Le puits était au cœur de la vie du village.

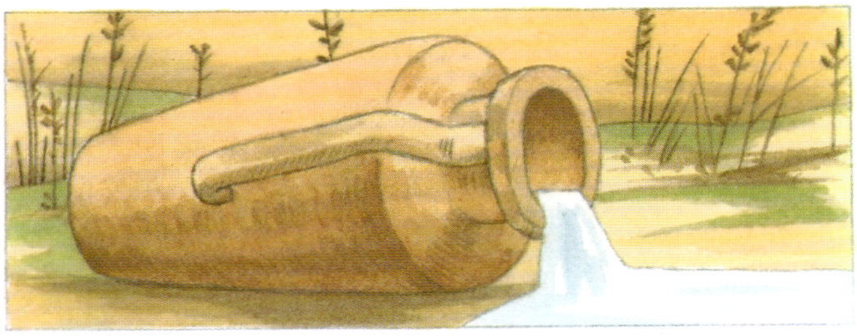

Pourquoi la Samaritaine a-t-elle eu plusieurs maris ?

Aucun homme n'a encore apaisé sa grande soif d'aimer et d'être aimée. C'est pourquoi elle cherche toujours. Et Jésus aborde justement le sujet! Non pas pour lui faire des reproches, mais simplement pour parler vrai avec elle.
Elle se sent enfin reconnue. Elle boit les paroles de cet homme. Elle voit enfin clair en elle-même. C'est seulement maintenant qu'elle peut reconnaître clairement qui il est.

Qu'est-ce qu'une eau vive ?

C'est une eau qui jaillit dans un torrent ou dans une source. Jésus compare la vie nouvelle qu'il vient offrir à cette eau débordante et fraîche qui désaltère.
La Samaritaine en oublie sa corvée d'eau! Elle abandonne sa cruche et court partager la nouvelle : "Cet homme est le Messie, le Christ! "
Grâce à elle, tout le monde le connaîtra aussi. C'est elle qui devient à son tour comme une source dans la grande chaleur.

La foi du soldat romain

Jésus est en voyage. À son entrée dans Capharnaüm, les juifs de la ville lui parlent d'un de leurs amis : c'est un officier de l'armée romaine, un centurion qui leur a offert une synagogue en signe d'amitié. Dès qu'il apprend que Jésus est dans la ville, le centurion envoie ses compagnons chercher Jésus pour guérir son esclave malade. Jésus les accompagne aussitôt.

Mais sur la route, le centurion fit dire à Jésus : « N'entre pas chez moi, je n'en suis pas digne. Dis seulement un mot et mon esclave sera guéri. Moi si je dis à un soldat : "Va là", il y va. Et à mon esclave : "Fais ceci", il le fait. Ainsi, ta parole peut guérir mon esclave. »
En entendant ses mots, Jésus admira le soldat et dit à la foule : "Même chez les juifs, je n'ai pas trouvé une foi aussi grande !"
De retour chez le centurion, les envoyés trouvèrent l'esclave guéri.

D'après saint Luc, chapitre 7, versets 1 à 10.

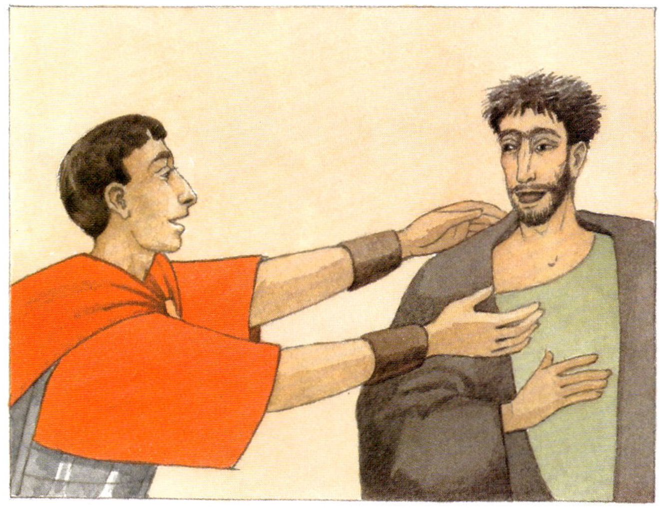

Qu'est-ce qu'un centurion ?

C'est un officier de l'armée romaine, un capitaine qui commande cent soldats. À l'époque de Jésus, les juifs détestent les Romains : ce sont des soldats ennemis qui occupent de force leur pays. Ce centurion-là est différent : il est ami des juifs, et il aime beaucoup son esclave.
En ce temps-là, un esclave valait souvent moins cher qu'un cheval.

Qu'est-ce qu'une synagogue ?

C'est la maison où les juifs se retrouvent pour étudier la Bible et prier Dieu. Ils prient tournés vers Jérusalem. Ils s'assoient devant l'Arche sainte, une sorte d'armoire qui contient les cinq premiers livres de la Bible. Les juifs appellent ces livres la Torah, ce qui veut dire la Loi. Des lampes brûlent devant la Torah qui est recouverte d'un tissu brodé.
Ici, le centurion est étonnant : il ne partage pas la foi des juifs, c'est un païen ; pourtant, il leur fait construire une synagogue.

Comment Jésus peut-il guérir l'esclave sans le toucher ?

Jésus ne s'approche pas de l'esclave pour lui dire une parole de guérison. Le centurion ne rencontre pas Jésus non plus. Il ne le voit même pas. Il a seulement entendu parler de lui. Le centurion confie à ses amis un message pour le Seigneur. Cet homme croit que Jésus l'écoute même s'il n'est pas à ses côtés ; que sa parole a de la force et de l'autorité même s'il n'entend pas sa voix. La confiance du centurion suffit à Jésus : elle rend tout possible et elle obtient la guérison de l'esclave.

Pourquoi Jésus admire-t-il la foi du centurion ?

Jésus l'admire parce qu'elle est forte, inébranlable ! C'est incroyable de faire confiance à quelqu'un sans l'avoir rencontré ou entendu.
Depuis près de vingt siècles, les chrétiens aussi font confiance aux paroles de Jésus : ils ne le voient pas, mais ils croient en ce qu'il a dit. Jésus, qui a tant admiré le centurion, doit aussi les admirer chaque fois qu'ils lui font confiance sans le voir.

La clé du bonheur

Ce jour-là, Jésus guérit toutes sortes de misères. Dans cette foule de pauvres gens malades ou malheureux qui l'appellent sans cesse au secours se trouvent de nombreux disciples.
De quoi leur parle Jésus ? De leur bonheur d'aujourd'hui !
Il leur dit qu'il n'y a vraiment pas de quoi envier les gens riches, gâtés et bien portants !
C'est le monde à l'envers !

Regardant alors ses disciples, Jésus dit :
"Heureux, vous les pauvres : le royaume de Dieu est à vous !
Heureux, vous qui avez faim maintenant : vous serez rassasiés !
Heureux, vous qui pleurez maintenant : vous rirez !
Heureux êtes-vous quand les hommes vous haïssent, quand ils vous insultent et vous rejettent, à cause de moi. Ce jour-là, soyez heureux et sautez de joie, car votre récompense est grande dans le ciel : c'est ainsi que les prophètes ont été traités.
Mais malheureux, vous les riches : vous avez votre consolation !
Malheureux, vous qui êtes repus maintenant : vous aurez faim !
Malheureux, vous qui riez maintenant : vous serez dans le deuil et vous pleurerez.
Malheureux êtes-vous quand tous les hommes disent du bien de vous : c'est ainsi que les faux prophètes ont été traités."

D'après saint Luc, chapitre 17, versets 20 à 26.

La misère peut-elle rendre heureux ?

Non, bien sûr. Jésus ne se moque pas de nous ! Il n'encourage pas la misère. Le jour où il parle ainsi, il soulage même des gens qui souffrent. C'est justement pour cela qu'il ose promettre un grand bonheur, le bonheur de Dieu, même aux hommes et aux femmes accablés par le malheur.

Jésus condamne-t-il les riches ?

Non, mais Jésus plaint ceux qui se replient sur leurs richesses et qui oublient les autres. Ceux-là font leur propre malheur ! Jésus ne parle pas seulement d'argent car l'intelligence, le talent sont aussi des richesses.
Jésus ne dit pas non plus que tous les riches sont des vauriens ou que tous les pauvres sont des gens bien. Il sait qu'en chacun se cachent un pauvre et un riche.

Quel bonheur Jésus promet-il ?

Le bonheur que Jésus annonce ne se trouve ni dans la richesse, ni dans le confort. Jésus dit qu'il se trouve dans le "royaume de Dieu". Les actes de Jésus montrent que Dieu aime, pardonne, fait vivre : quand les chrétiens aiment et pardonnent à leur tour, le bonheur du royaume est déjà un peu là. Mais ils croient qu'ils ne le connaîtront vraiment qu'après leur passage par la mort.

Qui étaient les prophètes ?

Isaïe ou Jérémie étaient des prophètes, des hommes chargés jadis par Dieu d'inviter chacun à tourner son cœur vers lui. Les prophètes demandaient parfois de changer de vie. Ils étaient souvent maltraités, car leur message était difficile à entendre.
Les disciples qui ont écouté Jésus ont aussi redit son message. Cela leur a coûté parfois très cher, ils l'ont payé quelquefois de leur vie.

La chance de la brebis perdue

Les gens écoutent souvent Jésus parler pendant des heures.
Le temps passe sans qu'on s'en aperçoive.
Ce jour-là, des hommes très croyants, les pharisiens, entourent Jésus. Parmi eux, il y a aussi des spécialistes des livres saints, les scribes. Ils murmurent : "Pourquoi Jésus mange-t-il à la table des pécheurs, de ceux qui suivent les mauvais chemins ?"
Alors, Jésus leur raconte l'histoire du berger et de sa brebis, si importante à ses yeux.

Imaginez que vous ayez cent brebis et que vous en perdiez une. Vous laisseriez sûrement vos quatre-vingt-dix-neuf bêtes dans le désert et partiriez à la recherche de celle qui est perdue. Quelle joie si vous la retrouviez ! Vous la tiendriez blottie sur vos épaules. Et vous diriez, tout joyeux, à vos amis, à vos voisins : "Faisons la fête : j'ai retrouvé ma brebis, vous savez, celle que j'avais perdue !" Jésus ajouta : "C'est ainsi qu'il y aura de la joie chez mon Père pour un seul pécheur parti sur les mauvais chemins et qui revient. Il y en aura plus que pour quatre-vingt-dix-neuf amis de Dieu qui n'ont pas besoin de changer de vie."

D'après saint Luc, chapitre 15, versets 1 à 7.

Qui sont les pharisiens ?

Leur nom signifie en hébreu “les séparés”. À l’époque de Jésus, ces juifs très croyants désiraient que tout le peuple devienne saint. Ils vivaient et priaient entre eux, à l’écart. Ils évitaient ceux qui n’étaient pas aussi croyants qu’eux, par exemple les publicains, ces juifs qui ramassaient les impôts pour les donner aux Romains. Les pharisiens espéraient ainsi plaire à Dieu en restant toujours purs, sur le bon chemin.

Comment vivaient les bergers au temps de Jésus ?

Les bergers guidaient leurs troupeaux vers les pâturages. Ils dormaient avec leurs bêtes, à la belle étoile. Ils les protégeaient des voleurs ou des oiseaux de proie avec leur bâton et leur fronde. Les bergers soignaient leurs moutons, tondaient leur laine et fabriquaient du fromage avec le lait des brebis. Ils connaissaient le nom de chaque brebis et rattrapaient celle qui s’attardait ou s’aventurait trop loin.
Jésus a souvent parlé du peuple d’Israël comme d’un troupeau, et de lui ou de son Père comme d’un berger. Un bon berger qui mène son troupeau là où l’herbe est bien verte, près des sources.

Pourquoi une seule brebis compte-t-elle plus que les quatre-vingt-dix-neuf autres ?

Ce berger est bizarre. Il semble un peu fou lorsqu'il décide d'abandonner ses quatre-vingt-dix-neuf brebis seules dans le désert. Il risque de les perdre toutes. Mais peut-être sait-il aussi que tant que les bêtes restent ensemble, elles ne risquent rien.
En réalité, chacune des cent brebis a de la valeur pour lui ; mais celle qui manque compte soudain plus qu'avant. Quand il la retrouve enfin, épuisée, incapable de marcher, égarée, il ne la punit pas. Il la blottit sur ses épaules, tout heureux que son troupeau soit de nouveau au complet !

La brebis perdue a-t-elle de la chance ?

La brebis perdue a finalement bien de la chance : son berger marche longtemps à sa recherche en ne pensant qu'à elle. Et pendant le voyage du retour, il ne s'occupe encore que d'elle.
En racontant cette histoire à ceux qui l'entourent, Jésus dit un peu qui est Dieu son Père. Chacun découvre alors qu'il ressemble à ce berger qui aime chaque brebis d'un amour fou. Dieu n'oublie pas les perdus. Il fait toute la route vers le pécheur, celui qui se croit oublié, à l'écart sur le mauvais chemin. Et quand quelqu'un se laisse retrouver, sa joie est immense !

Le figuier sans figues

Il y a foule encore près de Jésus. On lui pose des questions, et surtout on tend l'oreille : il parle aujourd'hui d'arbre fruitier. Il raconte l'histoire d'un homme qui possède un figuier planté en plein milieu de sa vigne. Un matin, cet homme vient chercher des figues sur son arbre et il n'en trouve pas. Que peut-on faire d'un figuier qui ne donne plus de fruits ?

Le maître de la vigne dit à son vigneron : “Cela fait trois ans que je viens chercher mes figues sur cet arbre et je n'en trouve pas. Coupe-le ! Il fatigue la terre pour rien.” Son vigneron répondit :
“Maître, laisse-le encore cette année. Je vais bêcher la terre tout autour et mettre du fumier. Il donnera peut-être des fruits à l'avenir. Sinon, tu le couperas.”

D'après saint Luc, chapitre 13, versets 6 à 9.

Y avait-il beaucoup de figuiers et de vignes au pays de Jésus ?

Oui. Les paysans les cultivaient sur les collines ensoleillées. Comme il n'y avait pas beaucoup de terres disponibles, on plantait souvent le figuier au milieu de la vigne. L'été, quand l'air était brûlant, toute la famille se reposait à son ombre. Chaque famille avait son figuier. C'était l'arbre de la parole : on s'installait à son pied pour parler ou pour se raconter la Parole de Dieu.

À quoi peut servir un figuier sans figues ?

À rien. Dans une vigne bien entretenue, le figuier ressemble malgré tout à une mauvaise herbe. Il risque d'épuiser le sol en se nourrissant de la même terre que la vigne. Il empêche alors la vigne de grandir et de produire du raisin. Voilà pourquoi le propriétaire de la vigne ne peut accepter le figuier que s'il donne des fruits chaque été.

Que comprennent ceux qui écoutent cette histoire ?

Ils devinent qu'ils ressemblent au figuier qui ne produit rien. Ils ne donnent pas de fruits pour l'instant, et ne veulent rien changer à leur vie. Mais ils peuvent comprendre que Dieu est aussi patient que le vigneron. Il n'est jamais trop tard. Dieu n'arrache pas l'arbre inutile. Il laisse du temps pour grandir. Tout peut encore arriver à ceux qui écoutent sa Parole. Même le plus inattendu.

Pourquoi Jésus raconte-t-il une histoire ?

Jésus, comme tous les habitants de son pays, prend le temps de parler, surtout le soir à la veillée. Il sait raconter des histoires pleines d'images et d'aventures.
Ces histoires toutes simples s'appellent des paraboles : elles disent des choses importantes sur la vie de tous les jours. Elles invitent à se mettre à la place des personnages. Elles font souvent aller vers de nouvelles découvertes.

Le père et ses deux fils

Quel scandale ! Jésus fait bon accueil aux gens de mauvaise vie. Certains juifs se plaignent. Alors Jésus raconte l'histoire d'un homme qui avait deux fils. Le plus jeune réclama sa part d'héritage et partit gaspiller son argent. Il revint ruiné et supplia son père de le prendre comme un simple ouvrier. Mais le père dit à ses domestiques : "Vite, habillez-le de vêtements de fête et réjouissons-nous !"

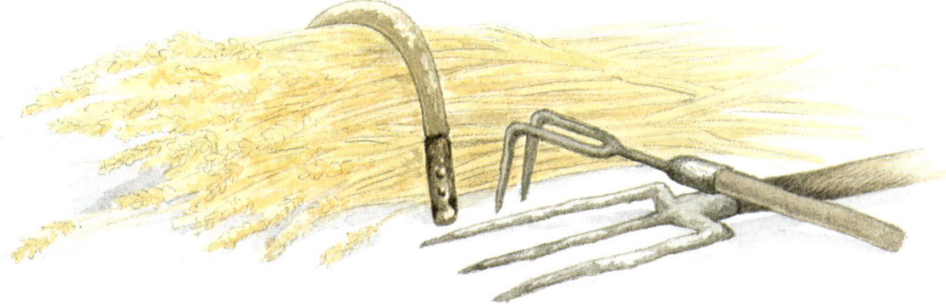

Le fils aîné entendit la musique et les danses à son retour des champs. Il appela un des domestiques et lui demanda ce qui se passait. Il répondit : "C'est ton frère qui est de retour. Et ton père a tué le veau gras, parce qu'il l'a vu revenir en bonne santé."
Alors, l'aîné se mit en colère, et il refusa d'entrer. Son père sortit pour l'en supplier. Mais le fils aîné répliqua à son père : "Il y a tant d'années que je te sers sans avoir jamais désobéi à tes ordres, et tu ne m'as jamais donné un chevreau pour faire la fête avec mes amis. Mais quand ton fils que voilà revient, après avoir gaspillé son argent avec des filles, tu fais tuer pour lui le veau gras !" Le père lui dit : "Mon enfant, tu es toujours avec moi, et tout ce qui est à moi est à toi. Il fallait bien faire la fête et se réjouir, car ton frère que voilà était mort, et il est revenu à la vie ; il était perdu, et il est retrouvé !"

D'après saint Luc, chapitre 15, versets 11 à 32.

Qu'est-ce qu'un héritage ?

C'est l'argent ou les biens que des enfants reçoivent après la mort de leurs parents. Ce père possédait une grande maison, et sans doute des terres pour cultiver le blé et l'orge, des figuiers, des oliviers, de la vigne. Ses ouvriers élevaient ses chèvres, ses moutons, ses ânes et ses bœufs.
Quel scandale cela a dû faire quand le plus jeune a exigé son héritage avant la mort de son père ! Ce fils a pris cette décision tout seul à une époque où les enfants obéissaient à leur père sans discuter.

Le père aime-t-il moins le fils aîné bien sage ?

En échange de son obéissance, le fils aîné aimerait bien recevoir aussi un chevreau. Il le grillerait à la broche pour faire la fête avec ses amis. C'est un peu comme s'il tenait ses comptes. Il est resté à la maison, mais pourtant son cœur est loin de son père. Il n'a pas encore découvert que, pour un père, chaque enfant est son préféré, même si ce n'est pas toujours mérité.

Sait-on la fin de l'histoire ?

À chacun d'imaginer la suite. L'aîné prendra-t-il part à la fête ou restera-t-il à l'écart ? Les frères vont-ils enfin se parler ou vont-ils continuer à faire comme s'ils étaient chacun un fils unique à la maison ? Jésus ne le dit pas. Si l'aîné reste dans son coin, c'est qu'il n'a pas compris que c'est bon d'être un frère, quoi qu'il arrive. S'il comprend cette joie, il entrera dans la danse des retrouvailles !

À qui ressemble ce père ?

Ce père ressemble à Jésus qui accueille tous ceux qui l'écoutent. Il ne repousse personne à cause d'une vie scandaleuse. Jésus sait aussi que son Père a un air de famille avec celui de cette histoire : il aime que chacun se réjouisse d'être son enfant bien-aimé. Car alors tous peuvent se retrouver entre frères. À travers cette parabole, Jésus invite à comprendre que son Père n'oublie pas les hommes éloignés de lui. Pour tous, il prépare la fête, la danse et la musique !

Le petit homme sur un grand arbre

En route vers Jérusalem, Jésus traverse la ville de Jéricho.
Ici, tout le monde parle de lui et c'est la bousculade. Dans la foule, un homme brûle d'envie de le voir de près. C'est Zachée, l'un des plus riches habitants de la ville. Mais Zachée ne voit rien : il est bien trop petit ! Vite, il grimpe sur un grand arbre, un sycomore, au bord de la route où Jésus va passer.

Jésus arriva. Il s'arrêta, leva les yeux et dit :"Zachée, descends vite : aujourd'hui, il faut que je demeure chez toi." Aussitôt, Zachée descendit et reçut Jésus avec joie. Tous se fâchèrent : "Jésus va loger chez une canaille." Mais Zachée s'avança et dit : "Seigneur, je vais donner aux pauvres la moitié de mes richesses, et si j'ai pris de l'argent à quelqu'un, je lui rendrai quatre fois plus." Jésus lui dit : "Aujourd'hui le salut est arrivé pour cette maison, car toi aussi, tu es un fils d'Abraham. Moi, le Fils de l'homme, je suis venu chercher et sauver ce qui était perdu."

D'après saint Luc, chapitre 19, versets 1 à 10.

Sur quel arbre Zachée est-il monté ?

Le sycomore est un arbre qui ressemble un peu au platane. Il peut mesurer vingt mètres de haut quand il est vieux. Ses branches, aux feuilles allongées, font une belle ombre. Les premières branches sont assez basses. Zachée peut donc y grimper facilement.

Pourquoi Zachée tient-il tant à voir Jésus ?

Zachée est méprisé par tous et la foule dresse une barrière entre Jésus et lui. C'est un juif comme tous les habitants de Jéricho. Mais il est aussi le chef des employés qui obligent les juifs à payer un impôt à l'empereur de Rome. Zachée travaille pour l'ennemi qui dirige le pays. Tous les gens de la ville le soupçonnent de s'enrichir sur leur dos. Malgré tout, Zachée cherche à apercevoir Jésus. Il a sans doute envie d'une vraie rencontre. Il aimerait tant être vu avec des yeux neufs !

Pourquoi Jésus dit-il qu'il est le "Fils de l'homme" ?

Jésus se donne un nom mystérieux. Environ cent soixante ans avant Jésus, un messager de Dieu, le prophète Daniel, avait annoncé qu'un envoyé du Seigneur viendrait. Il s'appellerait "le Fils de l'homme". Il viendrait juger les gens avec justice et renouveler le monde.

En s'appelant ainsi, Jésus invite à comprendre qu'il ressemble à n'importe quel homme, mais qu'il est aussi l'envoyé de Dieu auprès de ceux qui se croient perdus.

Pourquoi Zachée change-t-il de vie ?

Zachée veut voir Jésus, et Jésus cherche à le voir. Il court vers Jésus, et Jésus s'invite chez lui, devant tous. Jésus fait tellement plus que ce que Zachée espérait ! Dans sa joie, Zachée appelle Jésus "Seigneur" et il décide de donner sans compter.
Pour Jésus, Zachée n'est plus un "chef" au service des Romains, mais un vrai juif, un "fils d'Abraham". Abraham est celui qui a cru en Dieu le premier. Zachée fait maintenant partie de la grande famille d'Abraham : comme lui, Zachée a pris tous les risques pour partir à la rencontre de Dieu.

L'aveugle de Jéricho

Quand Jésus et ses disciples quittent la ville de Jéricho, une foule agitée les accompagne. Au bord de la route, Bartimée l'aveugle mendie. Il tend l'oreille vers les bruits de la foule et demande qui passe. On lui répond : "C'est Jésus de Nazareth." Soudain, Bartimée sent un cri monter en lui...

Bartimée se mit à crier : "Jésus, fils de David, prends pitié de moi !" Tous essayèrent de le faire taire, mais il cria encore plus fort. Jésus s'arrêta et dit : "Appelez-le." On l'appela donc : "Confiance, lève-toi. Il t'appelle." Bartimée jeta son manteau, bondit et courut vers Jésus. Jésus lui dit : "Que veux-tu que je fasse ?" "Rabbouni, que je voie !" Et Jésus lui dit : "Va, ta foi t'a sauvé."

D'après saint Marc, chapitre 10, versets 46 à 52.

Que fait Jésus à Jéricho ?

Jésus fait une halte à Jéricho, comme tous les voyageurs qui viennent de loin et se rendent à Jérusalem.
Ici on se rafraîchit sous les grands palmiers avant de monter à travers le désert sous un soleil de plomb. C'est une belle oasis située à une trentaine de kilomètres de Jérusalem. Jéricho est l'une des plus vieilles villes du monde.
Aujourd'hui, Jéricho est une petite ville de 70000 habitants, située en Cisjordanie. Elle s'appelle Arıkhà.

Qui a écrit cette histoire ?

C'est Marc, un juif de Jérusalem. On ne sait pas s'il a rencontré Jésus. Mais c'est un ami de Pierre qui, lui, a bien connu Jésus.
Pierre a beaucoup parlé de la vie de Jésus à Marc. Marc a écrit son évangile à Rome entre les années 65 et 70.

Pourquoi Bartimée est-il guéri ?

Quand il apprend que Jésus passe par là, Bartimée crie pour attirer son attention. À l'appel de Jésus, il se débarrasse de son manteau, la seule chose qu'il possède, et il se précipite vers lui dans le noir. Il espère de toutes ses forces que Jésus va le guérir.
Bartimée appelle Jésus "rabbouni", c'est-à-dire "mon maître". C'est un mot plein d'affection pour dire : "Je te fais confiance." Il reçoit des yeux tout neufs parce qu'il a reconnu Jésus et qu'il a cru en lui avant même de le voir. Les yeux grands ouverts, il part avec Jésus sur la route. Il devient un vrai disciple.

Qui est Bartimée ?

Bartimée est aveugle : il ne peut pas travailler. Il est obligé de mendier pour vivre. Il y avait beaucoup d'aveugles au temps de Jésus, car à cette époque on ne savait pas soigner les yeux. Bartimée a entendu dire que Jésus est de la famille du roi David, un des premiers grands rois du pays des juifs. Il espère même que Jésus est l'envoyé de Dieu, le Messie attendu par les juifs, celui qui pourra lui redonner la vue.

Le trésor de la femme pauvre

Jésus est à Jérusalem, la capitale du pays. Il se rend dans le superbe Temple reconstruit par le roi Hérode. Beaucoup de gens circulent là et ils déposent leurs offrandes.
Jésus voit une femme s'approcher. Elle a l'air si pauvre !
Que va-t-elle pouvoir donner ?

Jésus était assis dans le Temple en face de la salle du trésor. Il regardait les pèlerins venus déposer leur argent en offrande dans un coffre. Beaucoup de riches jetaient de grosses sommes. Une pauvre veuve s'avança et elle déposa deux petites pièces.
Jésus s'adressa à ses disciples : "Vraiment, je vous le dis : cette pauvre veuve a donné plus que tout le monde. Car tous ont offert ce qu'ils avaient en trop pour vivre, mais elle, elle a pris sur sa misère. Elle a tout donné, tout ce qu'elle avait pour vivre."

D'après saint Marc, chapitre 12, versets 41 à 44.

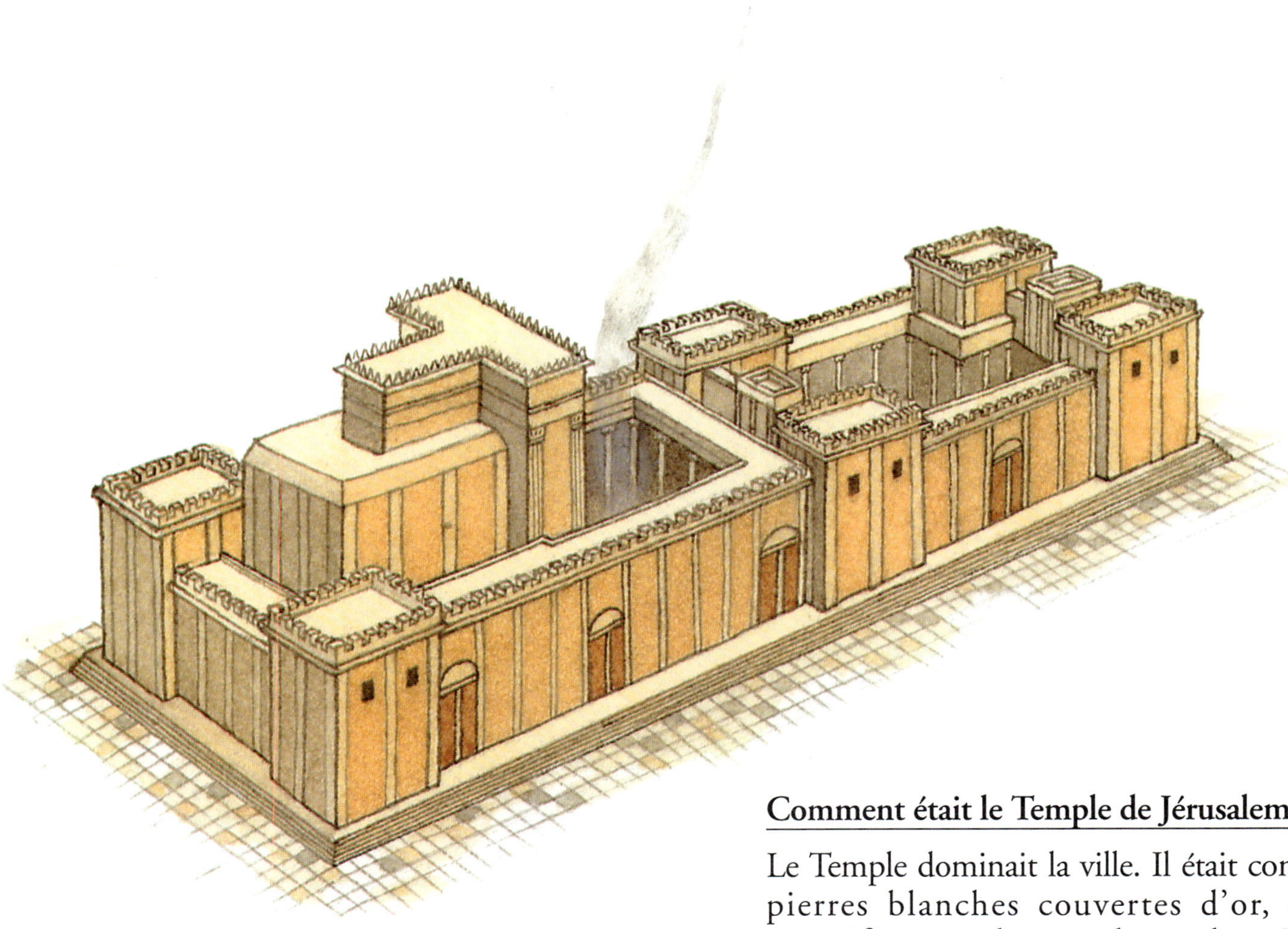

Comment était le Temple de Jérusalem ?

Le Temple dominait la ville. Il était construit en pierres blanches couvertes d'or, avec de magnifiques colonnes de marbre. Les juifs l'admiraient, car c'était pour eux l'unique demeure de Dieu au milieu de son peuple. Il ressemblait à une ville en miniature, avec ses prêtres, ses serviteurs, sa police, ses trésoriers, ses musiciens, ses marchands, ses changeurs d'argent. Il y avait même au Temple une monnaie spéciale !

Pourquoi Jésus va-t-il au Temple ?

Jésus n'habite pas à Jérusalem, mais il va au Temple pour les fêtes comme beaucoup de juifs. Le Temple résonne alors de chants, du bêlement des moutons que l'on va offrir en sacrifice. Une odeur d'encens flotte dans l'air.
Jésus est toujours heureux d'être au Temple ; il l'appelle "la maison de mon Père". Il partage la prière du peuple juif avec qui Dieu a fait alliance.

Pourquoi les gens donnent-ils de l'argent au Temple ?

Au temps de Jésus, le Temple est presque fini. On y a fait des travaux pour l'agrandir et l'embellir. Les juifs en sont fiers et donnent de l'argent pour payer les ouvriers. Il faut aussi payer les nombreux prêtres qui font de belles cérémonies et des sacrifices d'animaux en l'honneur de Dieu.
Tous ces dons représentent un énorme trésor dont s'occupent des familles riches et puissantes, les chefs des prêtres appelés aussi sadducéens.

Comment peut-on être pauvre et avoir un trésor ?

Cette femme compte sur Dieu seul pour vivre. Son geste montre ce qu'elle a dans le cœur. Jésus voit que le trésor du peuple d'Israël n'est pas la fortune du Temple, mais le cœur de cette femme. Elle a en elle un vrai trésor.

Le secret dévoilé

Jésus apprend à ses compagnons que ses ennemis cherchent à le tuer. Lui, l'ami des malades, des rejetés, des enfants. Comment est-ce possible ? Puis il emmène Pierre, Jacques et Jean à l'écart, sur une haute montagne. Et là, dans la lumière, devant eux, il est tout changé, transfiguré.

Sur la montagne, Jésus semblait parler avec Moïse et Élie. Pierre, bouleversé, dit : "C'est bon d'être là. Dressons trois tentes, une pour toi, une pour Moïse, une pour Élie, et restons ensemble."
Une nuée d'ombre les enveloppa et une voix dit : "C'est mon Fils que j'aime. Écoutez-le." Soudain, ils se retrouvèrent seuls avec Jésus. En descendant de la montagne, Jésus leur dit de se taire sur ce qu'ils avaient vu, jusqu'à ce qu'il soit ressuscité d'entre les morts. Ils observèrent cette consigne, en se demandant ce que voulait dire "ressusciter des morts".

D'après saint Marc, chapitre 9, versets 2 à 10.

Pourquoi Moïse et Élie sont-ils là ?

Les compagnons de Jésus savent ce que la Bible raconte sur ces deux grands personnages de l'histoire du peuple juif : Dieu ne les a pas oubliés dans la mort. Pierre, Jacques et Jean devinent alors que Jésus est aussi précieux que Moïse et Élie. Dieu ne l'abandonnera pas, même s'il meurt.

Qu'est-ce qu'une nuée ?

C'est une sorte de nuage. Elle laisse apparaître le ciel et par moments, elle le cache. Cette image sert dans la Bible à parler de la venue de Dieu, de sa présence, cachée, invisible. Les disciples ne voient d'abord rien. Puis, ils entendent une invitation à découvrir Jésus sous son vrai jour. Ils comprennent alors que Jésus connaît les mots de Dieu, il est sa Parole mystérieuse.

Pourquoi Jésus choisit-il Pierre, Jacques et Jean ?

On ne le sait pas. Mais dans l'évangile de Marc, ils sont seuls avec Jésus à des moments importants. Ils seront ses trois seuls compagnons au jardin des Oliviers, à la veille de sa mort, quand les larmes et la peur rendront son visage sombre et méconnaissable. Après cette terrible nuit noire, Pierre, Jacques et Jean auront bien besoin de se souvenir des jours lumineux vécus aux côtés de Jésus.

Pourquoi doivent-ils se taire sur ce grand moment ?

Il est trop tôt. Jésus sait que ses trois compagnons n'ont pas découvert tout son secret. Ils comprendront mieux plus tard combien son mystère est grand. Ce sera plus clair quand ils le rencontreront vivant après sa mort dans la petite lumière du matin.

Le roi monté sur un âne

Dans une semaine, on va fêter la Pâque à Jérusalem. Quelle cohue dans la ville ! Parmi les pèlerins qui accourent de tout le pays, voici Jésus et ses amis. Ils arrivent en vue de la Ville sainte qui est là-bas, en face du mont des Oliviers. Les disciples s'étonnent quand Jésus leur demande d'aller lui chercher une ânesse et son ânon dans le village voisin.

Les disciples amenèrent l'ânesse et son petit. Ils les recouvrirent de leurs manteaux et Jésus s'assit sur l'ânesse. La foule étendit aussi des manteaux sur le chemin. Certains coupèrent des branches d'arbres et en recouvrirent la route.
Tous crièrent : "Vive le Fils de David ! Hosanna ! Béni soit celui qui vient au nom du Seigneur !" Jésus entra en triomphe à Jérusalem. Les rues s'agitèrent et chacun demanda : "Qui est-ce ?"
Et partout le bruit courut : "C'est le prophète Jésus de Nazareth en Galilée."

D'apres saint Matthieu, chapitre 21, versets 1 à 11.

Pourquoi la foule acclame-t-elle Jésus ?

Ce Jésus est vraiment extraordinaire. On l'a vu guérir des malades. Il parle de pardon, et il ose appeler Dieu "Père".
La foule espère qu'il est aussi un roi puissant, qui va chasser les ennemis d'Israël. Elle l'accueille donc avec une haie d'honneur. Jésus accepte, lui qui s'enfuyait quand les gens voulaient le faire roi. Car de grands événements approchent. Jésus sait qu'on ne va pas se tromper longtemps sur lui...

Pourquoi Jésus est-il monté sur un âne ?

En Orient, les ânes sont des animaux familiers. Ils servent au transport des hommes et des marchandises et aux travaux des champs. Si Jésus avait voulu entrer à Jérusalem comme un prestigieux roi guerrier, il aurait plutôt choisi un beau cheval ou un fier chameau ! Matthieu se rappelle qu'un prophète de la Bible avait annoncé un roi "juste et victorieux, humble, monté sur une ânesse". Ce serait le roi promis par Dieu, le Messie. Jésus a voulu se présenter comme ce roi surprenant, simple et pacifique.

Que se passe-t-il après cette journée ?

Cette entrée à Jérusalem ouvre le chemin de Jésus vers la mort et la résurrection. En effet, les chefs des prêtres juifs et les Romains qui ont l'autorité sont furieux qu'il soit si populaire. Cela menace leur pouvoir.

Judas se fait payer pour trahir Jésus et le leur livrer. Il devient dangereux d'être l'allié de Jésus. Beaucoup l'abandonnent. La foule qui l'a acclamé quelques jours plus tôt réclame maintenant sa mort.

Que veut dire "Hosanna" ?

En hébreu, chez les juifs, c'était un cri d'appel adressé à Dieu ou au roi : "Sois notre sauveur !" ou "Sois notre chef !" Aujourd'hui on dirait peut-être : "Jésus au pouvoir !" La foule reconnaît Jésus comme roi.

Deux mille ans plus tard, les chrétiens utilisent toujours ce mot pour acclamer Jésus le Christ, qui sauve les hommes de tous les temps. Chaque dimanche ils chantent : "Hosanna au plus haut des cieux ! Béni soit celui qui vient au nom du Seigneur !"

Le repas d'adieu

La nuit va tomber sur Jérusalem prête pour la fête. C'est la Pâque ! Dans chaque maison, les lampes à huile s'allument et éclairent les visages des voyageurs qui viennent d'arriver. La fête se devine partout : dans les couleurs, les cœurs, les chants. Jésus, lui, attend ce moment avec impatience. Et pourtant, c'est son dernier repas...

Quand l'heure du repas de la Pâque arriva, Jésus se mit à table avec ses douze disciples. Il leur dit : "J'ai tellement désiré prendre ce repas avec vous avant de souffrir ! Plus jamais je ne mangerai avec vous jusqu'à ce que nous prenions ensemble notre repas dans le royaume de Dieu." Puis Jésus prit le pain. Il remercia Dieu. Il rompit le pain et le donna à ses disciples en leur disant : "Ceci est mon corps, donné pour vous. Vous ferez cela en mémoire de moi." Il fit passer la coupe de vin à ses disciples en disant : "Cette coupe est la nouvelle alliance en mon sang versé pour vous."

D'après saint Luc, chapitre 22, versets 14 à 20.

Comment les juifs fêtaient-ils la Pâque chaque année ?

Il y a deux mille ans, chaque famille se rendait à Jérusalem, au Temple, pour offrir à Dieu le sang d'un agneau. Puis elle mangeait cet agneau rôti. Ce repas de fête a encore lieu aujourd'hui chez les juifs croyants.
Au début du repas, le père remercie Dieu avant de boire une coupe de vin. Le plus jeune fils demande alors ce que signifie la Pâque. Et le père raconte l'histoire des ancêtres que Dieu a libérés du malheur et de l'esclavage en Égypte. Chacun revit alors cette joyeuse libération, car Dieu accompagne toujours son peuple.

Pourquoi ce repas compte-il tant pour Jésus ?

Il aime la fête de la Pâque, car il est juif. Jésus sait aussi que sa mort approche. Avant de quitter ses disciples, Jésus veut leur laisser des paroles et des gestes qu'ils pourront refaire en mémoire de lui. Les apôtres referont ce repas comme Jésus leur avait demandé. Cela deviendra ensuite pour les chrétiens un lien toujours nouveau entre Jésus et les hommes.

Que veut dire : "Ceci est mon corps donné pour vous" ?

Le corps de Jésus va bientôt être brisé sur la croix et son sang va couler. Le corps, c'est ce qui lui permet d'entrer en relation avec les autres. Le sang, c'est sa vie. Jésus va donc tout donner. Il l'annonce en rompant le pain et en versant du vin dans une coupe. Il nourrit réellement les croyants de sa vie, une vie qui dure au-delà de la mort. Voilà pourquoi les chrétiens disent que le pain est "le corps du Christ", et le vin "le sang du Christ".

Pourquoi les chrétiens communient-ils ?

En mangeant le pain et en buvant le vin de la messe, comme Jésus le leur a demandé, les chrétiens communient, ils rencontrent ainsi le Christ, Jésus ressuscité, et ils sont unis entre eux.

Comment faisait-on le pain au pays de Jésus ?

On le fabriquait à la maison, avec de l'orge ou du froment. La mère de famille broyait les grains avec une meule. Elle pétrissait longuement la pâte à la main en y ajoutant du levain pour qu'elle lève. La pâte reposait quelques heures, puis elle cuisait dans un four chauffé au feu de bois. Le pain était rond et on ne le coupait pas avec un couteau, mais on le rompait avec les deux mains.

Le roi devant son juge

Les événements se bousculent à Jérusalem. Jésus est arrêté par des soldats en armes et traité comme un bandit. Puis il est jugé par le grand tribunal des juifs. Là, il est questionné sur son enseignement, et les juges décident de le faire mourir. Ils l'envoient chez le gouverneur, Ponce Pilate. Un deuxième procès commence.

Pilate interrogea Jésus : "Es-tu le roi des juifs ?" Il lui répondit : "M'appelles-tu ainsi de toi-même ou parce qu'on te l'a dit ?" Pilate dit : "Les grands prêtres t'ont livré à moi. Qu'as-tu fait ?" Jésus répondit : "Ma royauté n'est pas de ce monde. Sinon des gardes auraient combattu pour que je ne sois pas livré." Pilate lui demanda : "Es-tu roi ?" Jésus repondit : "C'est toi qui le dis. Moi, je suis venu pour témoigner de la vérité. Tout homme qui appartient à la vérité m'écoute." Pilate lui dit : "Qu'est-ce que la vérité ?"

D'après saint Jean, chapitre 18, versets 28 à 38.

Qui est Pilate ?

Ponce Pilate représente le pouvoir des Romains qui ont conquis le pays des juifs, la Judée. Cette province fait donc partie de l'empire de Rome depuis près de cent ans.
Envoyé de Rome à Jérusalem, Pilate connaît encore mal les traditions des juifs. Il se méfie d'eux. Il ne faudrait surtout pas que le grand prêtre dise du mal de lui à l'empereur de Rome. Pilate veut plaire aux juifs à tout prix pour conserver son poste. Il cherche soigneusement à éviter toute révolte et tout désordre.

Pourquoi certains juifs ont-ils envoyé Jésus chez Pilate ?

Le grand prêtre, qui a déjà interrogé Jésus, a seulement le pouvoir de juger les hommes qui ne respectent pas la loi juive, et non celui de les condamner à mort.
Seuls les Romains peuvent prononcer une condamnation à mort, en particulier quand l'autorité de leur empereur est menacée. Les chefs des juifs livrent donc Jésus à Pilate pour que ce soit lui qui le supprime. Ils accusent Jésus, que le peuple vient d'accueillir en triomphe, de vouloir devenir roi. Ils affirment que Jésus est dangereux pour l'autorité des Romains.

Jésus est-il roi ?

Jésus n'est pas le roi que Pilate imagine. Il n'a pas besoin de soldats pour exécuter ses ordres ou de sujets prêts à lui obéir. Jésus ne cherche pas à prendre la place des chefs romains.
Et pourtant, oui, Jésus accepte le titre de roi que Pilate lui donne. Le jour de son entrée à Jérusalem, Jésus a laissé le peuple l'acclamer, le fêter et le saluer comme "le roi qui vient au nom du Seigneur". Car il est le roi Messie annoncé depuis longtemps par les prophètes. Son royaume est celui de Dieu.

Quelle sorte de roi est Jésus ?

Jésus l'explique lui-même : il est celui qui témoigne de la vérité par ses paroles et par ses gestes.
À chacune de ses rencontres, il dévoile le cœur de ceux qui l'écoutent et permet à chacun de voir plus clair en lui-même. Cela pourrait aussi être possible pour Pilate s'il le voulait. La force de Jésus, son pouvoir royal, c'est de faire jaillir la vérité. Il ira jusqu'à donner sa vie pour cela. La vérité a besoin de témoins, pas de soldats.

La mort du condamné

Là-bas, en dehors de la ville de Jérusalem, au pied du mont Golgotha, une exécution se prépare. Toute la ville en parle. Jésus, l'homme de Nazareth, condamné à mort avec deux bandits, marche vers son supplice.

Vers midi, des ténèbres tombèrent sur toute la terre. À trois heures, Jésus cria d'une voix forte : “Mon Dieu, mon Dieu, pourquoi m'as-tu abandonné ?” Quelques-uns de ceux qui étaient là à regarder dirent en l'entendant : “Voilà qu'il appelle le prophète Élie !” L'un d'eux courut tremper une éponge dans du vinaigre et il la fixa au bout d'un roseau. Il la présenta à Jésus pour qu'il boive, en disant : “Attendez ! Nous verrons bien si Élie va venir le descendre de là !” Mais Jésus poussa un grand cri et mourut.
Le rideau du Temple se déchira en deux, de haut en bas. Le centurion qui se tenait devant Jésus, voyant comment il était mort, s'écria : “Vraiment, cet homme était le Fils de Dieu !”

D'après saint Marc, chapitre 15, versets 33 à 39.

Pourquoi les ténèbres recouvrent-elles la terre ?

Il est midi, l'heure du plein soleil. Pourtant dès que Jésus est crucifié, l'obscurité envahit la terre ! C'est un signe aux yeux de tous. On dirait que le ciel se met en deuil pour cet homme qui va mourir.

Pourquoi Jésus est-il mort ?

Jésus est resté fidèle à Dieu. Il a vécu comme son Fils. Ses actes et ses paroles ont rendu jaloux les chefs religieux juifs et les chefs politiques romains. Après un procès hâtif et injuste, il a été condamné. Il a eu peur devant la mort inconnue, comme tous les hommes. Il a même crié contre le silence de Dieu. Ceux qui l'ont regardé mourir attendaient de voir si Dieu viendrait le délivrer... Mais Jésus n'a pas triché avec la mort.

Qu'est-ce que ce rideau du Temple qui se déchire ?

Dans le Temple de Jérusalem, le Saint des Saints était une pièce sacrée, le signe de la présence du Dieu invisible au milieu de son peuple. Personne n'y entrait jamais, sauf le grand prêtre une fois par an. Pour cacher ce lieu aux regards, un grand rideau séparait le Saint des Saints de la salle des prêtres. Le rideau qui se déchire montre que Dieu n'est pas enfermé dans ce lieu sacré. Il est présent en Jésus. Il est proche de tous les hommes qui vivent et qui meurent, même du centurion romain qui regarde la croix.

Que découvre le centurion ?

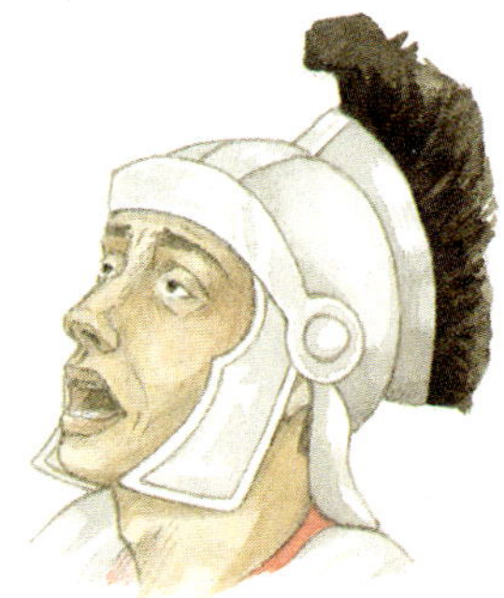

Cet officier romain, étranger à la religion des juifs, a été chargé de faire exécuter Jésus. Il le regarde, il entend Jésus, du fond de sa souffrance, appeler Dieu, son Père. Ce cri d'appel bouleverse le centurion. Il croit. Oui, ce condamné à mort était le Fils de Dieu !

Jésus est vivant !

Jésus est mort depuis deux jours. Ses amis ont descendu son corps de la croix. Ils l'ont mis dans un tombeau neuf, prêté par un ami. Devant l'entrée, ils ont roulé une pierre et ils sont partis.
Au lever du soleil...

Des femmes trouvèrent la pierre roulée à côté du tombeau. Le corps n'était plus là. Elles s'interrogèrent. Soudain, elles virent deux hommes vêtus d'un vêtement éblouissant.
De peur, elles baissèrent les visages. Ils leur dirent : "Pourquoi cherchez-vous le Vivant parmi les morts ? Il n'est pas ici, il est ressuscité. Rappelez-vous ce qu'il vous a dit quand il était en Galilée : il sera livré, crucifié, et le troisième jour, il ressuscitera." Les femmes se souvinrent de ces paroles.

D'après saint Luc, chapitre 24, versets 1 à 12.

Quel jour Jésus s'est-il levé de la mort ?

Jésus est mort un vendredi, et le dimanche matin, des femmes ont trouvé son tombeau vide. Entre-temps, du vendredi au samedi soir, les juifs fêtent le sabbat : un temps de repos et de prière. Depuis la résurrection du Christ, les chrétiens ont fait du premier jour de la semaine, le dimanche, un jour de fête et de prière joyeuse. En latin, "dimanche" veut dire "Jour du Seigneur".

Comment enterrait-on les morts au temps de Jésus ?

Les juifs respectent beaucoup le corps, même après la mort. Autrefois, ils le parfumaient pour le conserver plus longtemps. Ils entouraient les mains, le visage et tout le corps avec des linges. Le mort était couché dans une grotte taillée dans le roc, hors de la ville. On roulait devant l'entrée une grosse pierre ronde.

Jésus a-t-il annoncé sa mort et sa résurrection ?

Jésus savait qu'il risquait sa vie à cause de ce qu'il disait et faisait. Quand il mangeait avec des voleurs, il se faisait des ennemis. Quand il pardonnait les péchés, certains disaient qu'il se prenait pour Dieu.

Jésus a compris peu à peu que ses ennemis voulaient sa mort. Il ne l'a pas recherchée, mais il ne l'a pas fuie. Il a fait confiance. Il a cru de toutes ses forces que Dieu est celui qui peut redonner la vie, ressusciter les morts.

Que trouvent les femmes dans le tombeau ?

Les femmes entrent dans le tombeau, mais leurs yeux cherchent sans rien trouver : le tombeau est ouvert et vide.

Elles voient seulement deux hommes mystérieux vêtus de blanc. Dans la Bible, cette couleur rappelle ce qui vient de Dieu. Ces messagers de Dieu leur annoncent qu'il n'y a plus de mort ! Elles croient alors que Jésus est vivant ! Leur cœur s'ouvre. Elles quittent la nuit de la tristesse. Elles portent la joyeuse nouvelle à ceux qui pleurent Jésus et ne savent pas encore son nouveau nom : le Vivant.

Le visiteur inattendu

Depuis l'arrestation de Jésus et depuis sa mort, de nombreux disciples ont fui, pris de peur. Certains n'osent plus se montrer dans la ville de Jérusalem. Ils se cachent dans leur maison bien verrouillée. Soudain, le dimanche soir après cette mort, un visiteur inattendu entre : c'est Jésus!

Ce soir-là, Jésus vint et il se tint là au milieu de ses disciples. Il les salua en leur disant : "La paix soit avec vous !"
Il leur montra alors les marques des blessures dans ses mains et dans son côté. Les disciples furent remplis de joie en reconnaissant le Seigneur.
Il leur dit encore : "La paix soit avec vous! Comme mon Père m'a envoyé, moi aussi, je vous envoie." Puis il souffla sur eux et il leur dit : "Recevez l'Esprit saint."

D'après saint Jean, chapitre 20, versets 19 à 22.

Combien Jésus avait-il de disciples ?

Ce dimanche soir, après sa mort, ils devaient être une vingtaine dans la maison. Mais des dizaines de disciples, hommes et femmes, avaient suivi Jésus durant sa vie.
Parmi eux, Jésus avait choisi douze hommes de confiance qui avaient quitté leur métier, leur famille pour être à ses côtés et lui rendre témoignage. On les appelait les apôtres.

À quoi ressemble la maison des disciples ?

Elle ressemble sans doute aux maisons ordinaires de Jérusalem : en pierres blanches, avec un toit plat en terrasse. Des lampes à huile accrochées aux murs, de petites fenêtres sans vitres.
Aucune lumière ne vient du dehors : c'est le soir. Les disciples ont verrouillé cette maison, mais ils ont surtout bouclé leurs cœurs. Ils sont enfermés dans la peur. Leur maître a été tué. Et s'ils allaient être arrêtés, eux aussi ?

Pourquoi Jésus montre-t-il ses mains et son côté ?

Peu de disciples étaient présents à la mort de Jésus : ils avaient peur de se faire repérer comme les amis d'un condamné. Plus tard, Jésus leur a montré ce qu'ils n'ont pas eu la force de voir : les traces des clous dans ses mains et la marque d'un coup de lance dans sa poitrine. Les disciples comprennent : celui qui est là, vivant devant eux, c'est bien Jésus, celui qui a été tué. C'est à la fois l'ami qui a tant souffert et le Seigneur plus fort que la mort.

Pourquoi Jésus souffle-t-il sur ses disciples ?

Quand on meurt, la respiration s'arrête. Si Jésus souffle, c'est qu'il est vivant. La Bible raconte qu'au commencement du monde, Dieu a mis dans l'homme le souffle de la vie, l'haleine. Dans la Bible le même mot hébreu désigne le vent, le souffle de vie et l'esprit : Jésus ressuscité donne à ses disciples la vie de Dieu, la force de son souffle, son Esprit saint.

Le rendez-vous sur la montagne

Jésus a été arrêté, condamné, tué, mis au tombeau. Puis il s'est montré vivant à ses disciples, comme il l'avait dit. Alors, ses disciples font ce qu'il leur avait demandé : ils courent vite le rejoindre sur une montagne, en Galilée.

Quand les onze disciples virent Jésus, ils s'inclinèrent devant lui, mais quelques-uns doutèrent. Jésus s'approcha et leur parla : "Tout pouvoir m'a été donné au ciel et sur la terre. Allez ! Faites des disciples parmi tous les pays.
Baptisez-les au nom du Père et du Fils, et du Saint-Esprit. Apprenez-leur à garder tous les commandements que je vous ai donnés. Et moi, je suis avec vous tous les jours jusqu'à la fin du monde."

D'après saint Matthieu, chapitre 28, versets 16 à 20.

Pourquoi Jésus fixe-t-il un rendez-vous sur la montagne ?

Dans la Bible, Dieu est venu à la rencontre de Moïse sur une montagne. Entre ciel et terre, ils se sont parlé comme deux amis. Dieu a fait une alliance pour toujours avec Moïse et son peuple. Il leur a donné sa loi : Dix Commandements. Les disciples savent que ce sont des chemins pour connaître et aimer Dieu. Ils comprennent qu'aujourd'hui, sur cette montagne, Jésus leur donne des commandements nouveaux pour vivre en amitié avec Dieu sur toute la terre.

Quel est le pouvoir de Jésus ?

Jésus vient de passer par la mort. Il est entré dans une nouvelle vie. Pendant quelque temps, il se montre vivant aux disciples qui croient en lui. Il a le pouvoir de leur donner un nouveau souffle, son Esprit.
Ses disciples trouvent alors la force de faire ce que Jésus leur a dit, sans avoir besoin de le voir. Ils reçoivent le pouvoir de partir au loin pour oser parler de lui et faire entendre ses paroles. Ainsi, il sera vraiment vivant, ressuscité parmi eux.

Comment Jésus peut-il être parmi les hommes tous les jours ?

Personne ne voit Jésus, personne ne peut le toucher.
Pourtant, les chrétiens croient qu'il est parmi eux. Par exemple, quand ils baptisent ou quand ils partagent son pain, comme il le leur a demandé.
C'est étonnant : vingt siècles plus tard, les chrétiens font encore ce que Jésus a dit de faire ! Ses paroles leur donnent toujours le goût et la force de vivre.

Table des matières

Dépôt légal : octobre 1992
Loi 49956 du 16 juillet 1949 sur les publications destinées
à la jeunesse
Impression et reliure : Pollina s.a., 85400 Luçon - n° 67553